화엄경 제57품 (이세간품) 해설

화엄경 제57권에는 10종 결정법과 출생불법, 대장부 명호, 10종 도, 무량도, 무량조도, 무량장엄도, 10종 발, 손, 배, 장부, 심, 피갑, 기장(器杖), 머리, 눈, 귀, 코, 혀, 몸, 뜻, 행, 주(住), 좌(坐), 와(臥), 처(處), 행처(行處), 관찰, 분신, 사자후, 청정보시, 지계, 인욕, 정진 등이 나온다.

10종 결정법이란:
① 결정적으로 여래의 종족에 태어나고,
② 부처님 경계에 머무르고,
③ 보살의 할 일을 알고,
④ 여러 바라밀다에 머물고,
⑤ 여래의 대중에 참여하고,
⑥ 여래의 종과 성품을 나타내고,
⑦ 부처님의 깨달음에 깊이 들어가고,
⑧ 모든 여래와 동일한 모임을 갖고,
⑨ 모든 여래와 동일하게 머무르고,
⑩ 둘이 아닌 행을 하는 것이다.

10종 정진은:
① 신청정 정진이고,
② 어청정 정진이고,
③ 의청정 정진이고,
④ 정직청정 정진이고,
⑤ 중생심청정 정진이고,
⑥ 청정정진을 버리지 않는 것이고,

⑦ 마곡이를 용맹스럽게 결정하였지고,
⑧ 지혜롭게 결정하였지고,
⑨ 부지런해 결정하였지고,
⑩ 성실하게 결정하였지다.

이렇게 결정하면 누구나 어떠한 일에도 결정적인 약속할 수 있기
때문이다.

蜜	生	氣	習	習		離
밀	생	기	습	습		이
習	習	見	氣	氣	佛	世
습	습	견	기	기	불	세
氣	氣	佛	善	何	子	間
기	기	불	선	하	자	간
思	行	習	根	等	菩	品
사	행	습	근	등	보	품
惟	習	氣	習	爲	薩	
유	습	기	습	위	살	
平	氣	於	氣	十	摩	第
평	기	어	기	십	마	제
等	願	淸	敎	所	訶	三
등	원	청	교	소	하	삼
法	習	淨	化	謂	薩	十
법	습	정	화	위	살	십
習	氣	世	衆	菩	有	八
습	기	세	중	보	유	팔
氣	波	界	生	提	十	之
기	바	계	생	제	십	지
種	羅	受	習	心	種	五
종	라	수	습	심	종	오

사경의 공덕은 십만억 부처님께 공양한 것과 같은 공덕이 있습니다.

大方廣佛華嚴經 1

衆 증	薩 살	薩 살	氣 기	切 체	諸 제	種 종
生 생	行 행	有 유	非 비	煩 번	菩 보	境 경
界 계	何 하	十 십	習 습	惱 뇌	薩 살	界 계
究 구	等 등	種 종	氣 기	習 습	安 안	差 차
竟 경	爲 위	取 취	智 지	氣 기	住 주	別 별
敎 교	十 십	以 이	佛 불	得 득	此 차	習 습
化 화	所 소	此 차	子 자	如 여	法 법	氣 기
故 고	謂 위	不 부	菩 보	來 래	則 즉	是 시
取 취	取 취	斷 단	薩 살	大 대	永 영	爲 위
一 일	一 일	諸 제	摩 마	智 지	離 리	十 십
切 체	切 체	菩 보	訶 하	習 습	一 일	若 약

사경의 공덕은 십만억 부처님께 공양한 것과 같은 공덕이 있습니다.

善선	羅라	一일	滅멸	集집	菩보	世세
巧교	蜜밀	切체	一일	諸제	薩살	界계
方방	積적	衆중	切체	佛불	行행	究구
便편	集집	生생	衆중	相상	爲위	竟경
於어	菩보	一일	生생	好호	供공	嚴엄
一일	薩살	切체	苦고	功공	養양	淨정
切체	諸제	智지	故고	德덕	故고	故고
處처	莊장	樂락	取취	故고	取취	取취
皆개	嚴엄	故고	大대	取취	善선	如여
示시	故고	取취	慈자	大대	根근	來래
現현	取취	波바	與여	悲비	積적	修수

사경의 공덕은 십만억 부처님께 공양한 것과 같은 공덕이 있습니다.

	無 무	諸 제	諸 제	以 이	菩 보	故 고
佛 불	所 소	菩 보	菩 보	明 명	薩 살	取 취
子 자	取 취	薩 살	薩 살	智 지	取 취	菩 보
菩 보	法 법	行 행	安 안	而 이	一 일	提 리
薩 살		得 득	住 주	現 현	切 체	得 득
摩 마		一 일	此 차	了 료	法 법	無 무
訶 하		切 체	取 취	故 고	於 어	礙 애
薩 살		如 여	則 즉	是 시	一 일	智 지
有 유		來 래	能 능	爲 위	切 체	故 고
十 십		無 무	不 부	十 십	處 처	略 약
種 종		上 상	斷 단	若 약	悉 실	說 설

사경의 공덕은 십만억 부처님께 공양한 것과 같은 공덕이 있습니다.

	上	若	等	離	蜜	修
佛	修	諸	正	修	修	何
子	修	菩	覺	示	學	等
菩	一	薩	修	現	修	爲
薩	切	安	轉	修	慧	十
摩	法	住	正	勤	修	所
訶		其	法	行	義	謂
薩		中	輪	匪	修	修
有		則	是	懈	法	諸
十		得	爲	修	修	波
種		無	十	成	出	羅

사경의 공덕은 십만억 부처님께 공양한 것과 같은 공덕이 있습니다.

成(성) 就(취) 佛(불) 法(법) 何(하) 等(등) 爲(위) 十(십) 所(소) 謂(위) 不(불) 離(리) 善(선) 知(지) 識(식) 成(성) 就(취) 佛(불) 法(법) 深(심) 信(신) 佛(불) 語(어) 成(성) 就(취) 佛(불) 法(법) 不(불) 謗(방) 正(정) 法(법) 成(성) 就(취) 佛(불) 法(법) 以(이) 無(무) 量(량) 無(무) 盡(진) 善(선) 根(근) 廻(회) 向(향) 成(성) 就(취) 佛(불) 法(법) 信(신) 解(해) 如(여) 來(래) 無(무) 邊(변) 際(제) 成(성) 就(취) 佛(불) 法(법) 知(지) 一(일) 切(체) 世(세) 界(계) 境(경) 界(계) 成(성) 就(취) 佛(불) 法(법) 不(불) 捨(사) 法(법) 界(계) 境(경)

界成界境菩來
성계성계경보래
成就成界薩無佛
성취성계살무불
就就佛成安上子
취취불성안상자
佛佛法就此大菩
불불법취차대보
法正法法法智薩
법정법법법지살
遠念樂法則慧摩
원념낙법즉혜마
離一求是　　訶
리일시시　　하
諸切如爲得　薩
제체여위득　살
魔諸來十成　有
마제래십성　유
境佛十諸就　十
경불십제취　십
界境力若如　種
계경력약여　종

사경의 공덕은 십만억 부처님께 공양한 것과 같은 공덕이 있습니다.

大方廣佛華嚴經 7

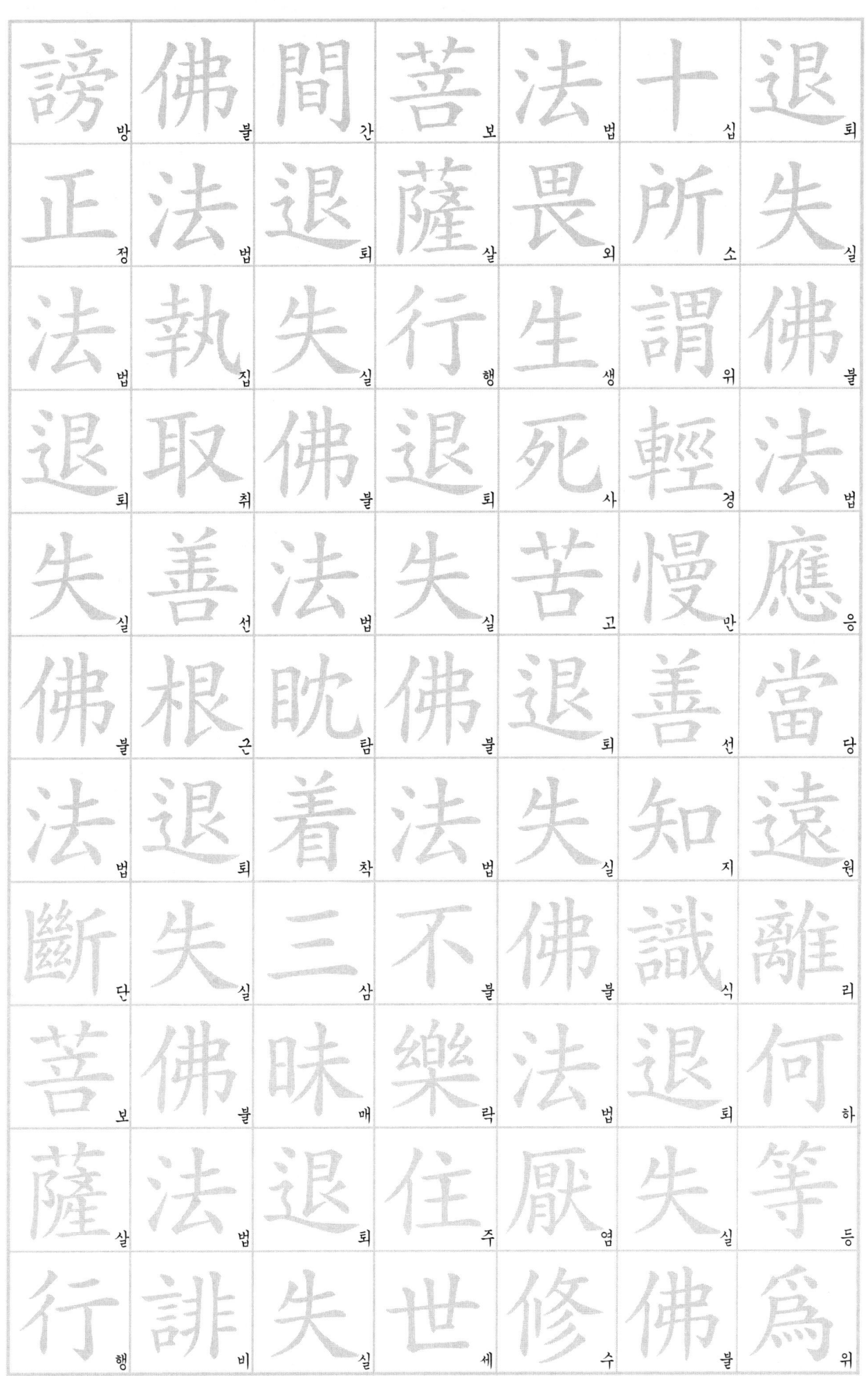

退퇴	法법	爲위	入입		離리	般반
失실	嫌혐	十십	菩보	佛불	生생	若야
佛불	恨한	若약	薩살	子자	道도	波바
法법	諸제	諸제	離리	菩보	何하	羅라
樂낙	菩보	菩보	生생	薩살	等등	蜜밀
二이	薩살	薩살	道도	摩마	爲위	而이
乘승	退퇴	遠원		訶하	十십	恒항
道도	失실	離리		薩살	所소	觀관
退퇴	佛불	此차		有유	謂위	察찰
失실	法법	則즉		十십	出출	一일
佛불	是시			種종	生생	切체

사경의 공덕은 십만억 부처님께 공양한 것과 같은 공덕이 있습니다.

五오	惱뇌	在재	衆중	念념	脫탈	衆중
得득	而이	一일	生생	一일	一일	生생
離리	與여	切체	是시	切체	切체	是시
欲욕	一일	世세	爲위	相상	見견	爲위
法법	切체	界계	三삼	而이	縛박	一일
而이	衆중	是시	超초	不불	衆중	遠원
常상	生생	爲위	過과	捨사	生생	離리
以이	共공	四사	三삼	一일	是시	諸제
大대	居거	永영	界계	切체	爲위	見견
悲비	是시	離리	而이	着착	二이	而이
哀애	爲위	煩번	常상	相상	不불	度도

사경의 공덕은 십만억 부처님께 공양한 것과 같은 공덕이 있습니다.

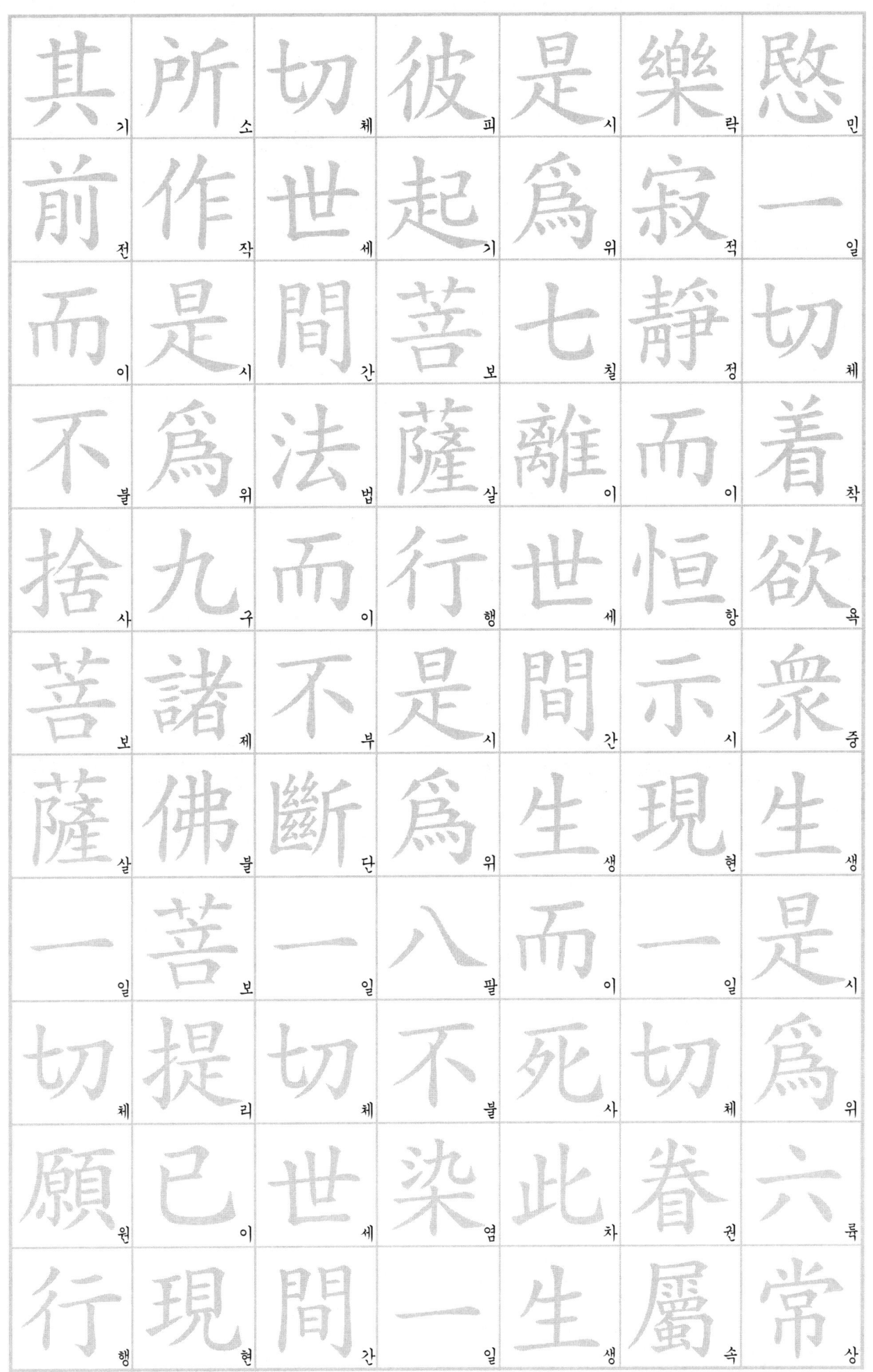

사경의 공덕은 십만억 부처님께 공양한 것과 같은 공덕이 있습니다.

	定(정)	菩(보)	共(공)	種(종)	是(시)
佛(불)	法(법)	薩(살)	而(이)	離(리)	爲(위)
子(자)		安(안)	亦(역)	佛(불)	十(십)
菩(보)		住(주)	不(부)	子(자)	
薩(살)		此(차)	雜(잡)	是(시)	爲(위)
摩(마)		法(법)	二(이)	爲(위)	菩(보)
訶(하)		則(즉)	乘(승)	薩(살)	薩(살)
薩(살)		得(득)	之(지)	摩(마)	
有(유)		菩(보)	行(행)	訶(하)	
十(십)		薩(살)	若(약)	薩(살)	
種(종)		決(결)	諸(제)	世(세)	十(십)

사경의 공덕은 십만억 부처님께 공양한 것과 같은 공덕이 있습니다.

大方廣佛華嚴經

力력	顯현	決결	所소	佛불	於어	決결
決결	如여	定정	作작	境경	如여	定정
定정	來래	得득	事사	界계	來래	法법
深심	種종	預예	決결	中중	種종	何하
入입	性성	如여	定정	住주	族족	等등
佛불	決결	來래	安안	決결	中중	爲위
菩보	定정	衆중	住주	定정	生생	十십
提리	安안	會회	諸제	了료	決결	所소
決결	住주	決결	波바	知지	定정	謂위
定정	如여	定정	羅라	菩보	於어	決결
與여	來래	能능	蜜밀	薩살	諸제	定정

사경의 공덕은 십만억 부처님께 공양한 것과 같은 공덕이 있습니다.

一切(일체) 如(여) 來(래) 所(소) 住(주) 無(무) 有(유) 二(이) 是(시) 為(위) 十(십)

一切(일체) 如(여) 來(래) 同(동) 一(일) 身(신) 決(결) 定(정) 與(여) 一(일)

出生(출생) 佛子(불자) 菩薩(보살) 摩訶薩(마하살) 十(십) 有(유) 十(십) 種(종) 所謂(소위)

隨順(수순) 善善根(선선근) 故(고) 友(우) 是(시) 道(도) 出(출) 生(생) 信解(신해) 是(시) 法(법) 出(출) 生(생)

種(종) 善(선) 根(근) 故(고) 深心(심심) 出(출) 信(신) 解(해) 是(시) 出(출) 生(생)

佛種(불종) 法(법) 道(도) 知(지) 佛(불) 自(자) 在(재) 故(고) 發(발) 大(대) 誓(서)

斷단	出출	際제	厭염	知지	故고	願원
菩보	生생	故고	足족	業업	忍인	是시
薩살	佛불	阿아	是시	不불	自자	出출
行행	法법	僧승	出출	失실	善선	生생
是시	道도	祇기	生생	故고	根근	佛불
出출	成성	世세	佛불	一일	是시	法법
生생	熟숙	界계	法법	切체	出출	道도
佛불	衆중	皆개	道도	劫겁	生생	其기
法법	生생	示시	盡진	修수	佛불	心심
道도	故고	現현	未미	行행	法법	寬관
增증	不부	是시	來래	無무	道도	廣광

사경의 공덕은 십만억 부처님께 공양한 것과 같은 공덕이 있습니다.

長大悲故 無量心 是出生 法界 本所 故佛
法勝道 一行 是念 偏 一切 虛 空 道
殊修行 無失 出 生 佛 如來 種 是 出所
修佛行 法道 令 一 切 如 衆 生 樂發出
生佛 菩提心 法 以道 一 切 善 法 資 持 故
是爲 十 若 諸 菩薩 安住 此 法

則得大丈夫名號 佛子菩薩摩訶薩有十種大丈夫名號何等爲十所謂名爲菩提薩埵菩提智所生故名爲摩訶薩埵安住大乘法故名爲第一薩埵證第一法故名爲勝薩埵覺悟勝法故

사경의 공덕은 십만억 부처님께 공양한 것과 같은 공덕이 있습니다.

是爲爲名爲名名
爲不無爲無爲爲
十思等力上上最
若議薩薩薩薩勝
諸薩埵埵埵埵薩
菩埵世廣開起埵
薩一間知示上智
得念無十無精慧
此成比力上進最
名佛故故法故勝
號故名名故名故

사경의 공덕은 십만억 부처님께 공양한 것과 같은 공덕이 있습니다.

大方廣佛華嚴經 18

相便道薩道　則
無故是道何佛成
願三菩不等子就
不道薩捨爲菩菩
着是道獨十薩薩
三菩出一所摩道
界薩生菩謂訶
故道智提一薩
四行慧心道有
行空及故是十
是無方二菩種

사경의 공덕은 십만억 부처님께 공양한 것과 같은 공덕이 있습니다.

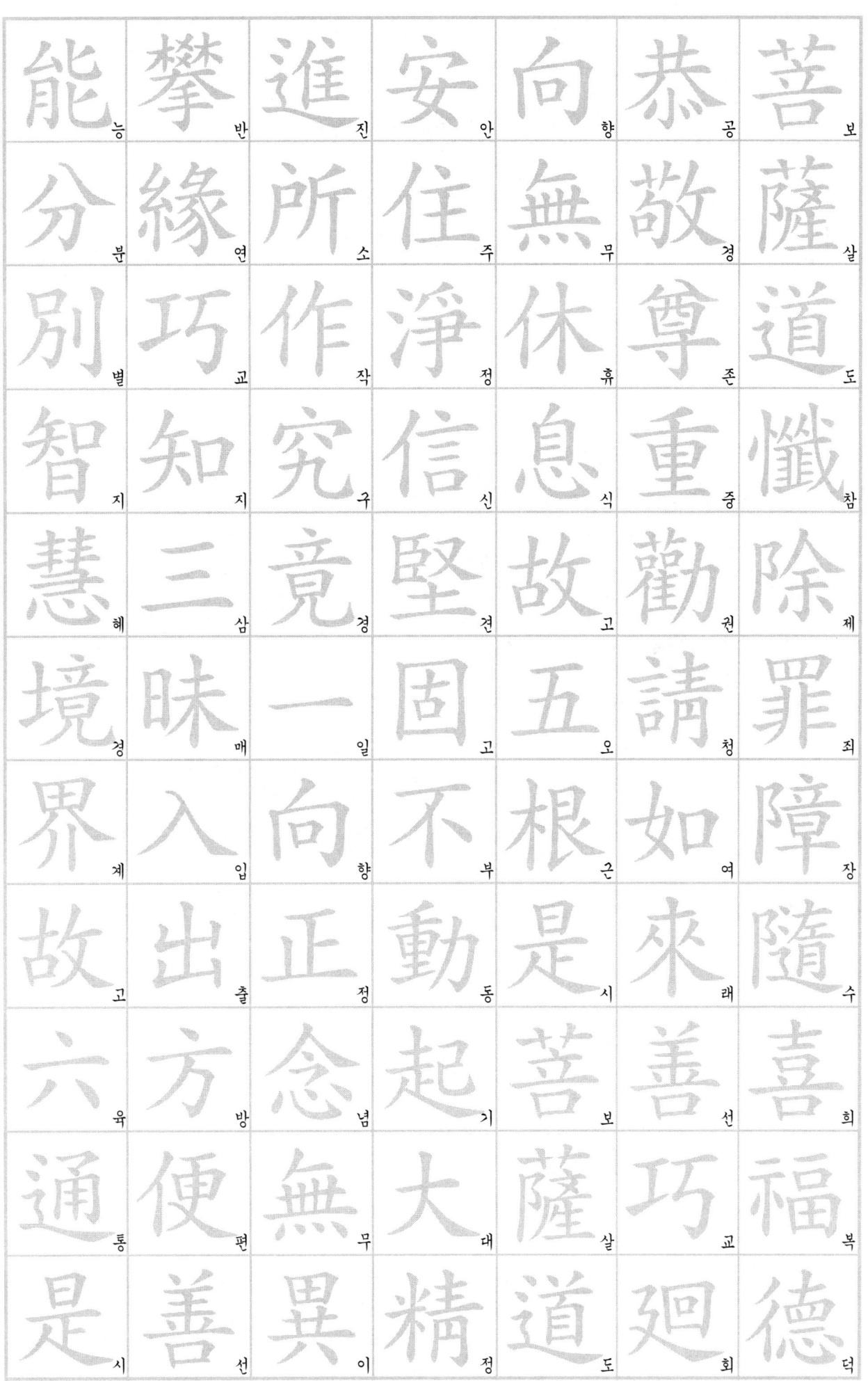

사경의 공덕은 십만억 부처님께 공양한 것과 같은 공덕이 있습니다.

菩薩道 所有 衆生 色 眼 悉 見 一 死 切

世界 彼 故 有 天 色 知 諸 衆 生 佛 說 死

此 受 持 憶 念 天 耳 悉 聞 諸 衆 生 隨 根 說

法 演 暢 故 他 憶 念 心 智 廣 能 知 他 心

在 無 礙 故 宿 命 念 憶 知 過 去

一切 劫 數 增 長 善 根 故 神 足

通隨所應化故一切衆生種種證種

爲現令樂法故一漏盡智現種

實際菩薩菩薩道所行故不斷絕於故七

念是見無量道佛所謂開悟一切佛於一七

毛孔故念法不離一如來衆衆一

生心故念法不離

會於一切如來衆會中親承

사경의 공덕은 십만억 부처님께 공양한 것과 같은 공덕이 있습니다.

根근	念염	薩살	見견	續속	爲위	妙묘
廻회	戒계	捨사	菩보	見견	演연	法법
向향	不불	行행	薩살	無무	說설	隨수
衆중	捨사	增증	故고	有유	令영	諸제
生생	菩보	長장	念염	休휴	悟오	衆중
故고	提리	廣광	捨사	息식	入입	生생
念염	心심	大대	了요	於어	故고	根근
天천	以이	布보	知지	一일	念염	性성
常상	一일	施시	一일	切체	僧승	欲욕
憶억	切체	心심	切체	世세	恒항	樂락
念념	善선	故고	菩보	間간	相상	而이

사경의 공덕은 십만억 부처님께 공양한 것과 같은 공덕이 있습니다.

隨順一切智故　常行正語

故起正思惟捨妄分別心常見

行正見　遠離道　捨諸邪見

菩提　八聖道　是菩薩所

伏普及衆生　一切　無間斷故

故念衆生一切智慧方便教化

兜率陀天宮　一生補處菩薩

故 고	菩 보	永 영	菩 보	命 명	教 교	語 어
心 심	薩 살	離 리	提 리	頭 두	化 화	四 사
常 상	苦 고	故 고	行 행	陀 타	衆 중	過 과
正 정	行 행	起 기	四 사	知 지	生 생	順 순
念 념	入 입	正 정	聖 성	足 족	令 영	聖 성
悉 실	佛 불	精 정	種 종	威 위	調 조	言 언
能 능	十 십	進 진	一 일	儀 의	伏 복	故 고
憶 억	力 력	勤 근	切 체	審 심	故 고	恒 항
持 지	無 무	修 수	過 과	正 정	安 안	修 수
一 일	罣 가	一 일	失 실	隨 수	住 주	正 정
切 체	礙 애	切 체	皆 개	順 순	正 정	業 업

사경의 공덕은 십만억 부처님께 공양한 것과 같은 공덕이 있습니다.

言音(언음) 除(제) 滅(멸) 世間(세간) 散動(산동) 心(심) 思議(사의) 故(고) 心解(해) 心(심)

常正定(상정정) 善入(선입) 菩薩(보살) 不動(부동) 思議(사의) 故(고) 解(해) 心(심)

脫門(탈문) 於一(어일) 三昧(삼매) 中(중) 出生(출생) 一是(일시) 菩(보) 一切(일체)

諸三昧(제삼매) 所謂(소위) 離欲(이욕) 恚害(에해) 第(제) 而定(이정) 以是(이시)

薩道(살도) 業(업) 說法(설법) 無礙(무애) 滅除(멸제) 覺(각) 觀(관)

切語(체어) 業(업) 所說(소설) 法(법) 離欲(이욕) 無礙(무애) 滅除(멸제) 教化(교화) 衆生(중생)

而以一切智(이이일체지) 覺觀(각관) 教化衆生(교화중생)

大方廣佛華嚴經

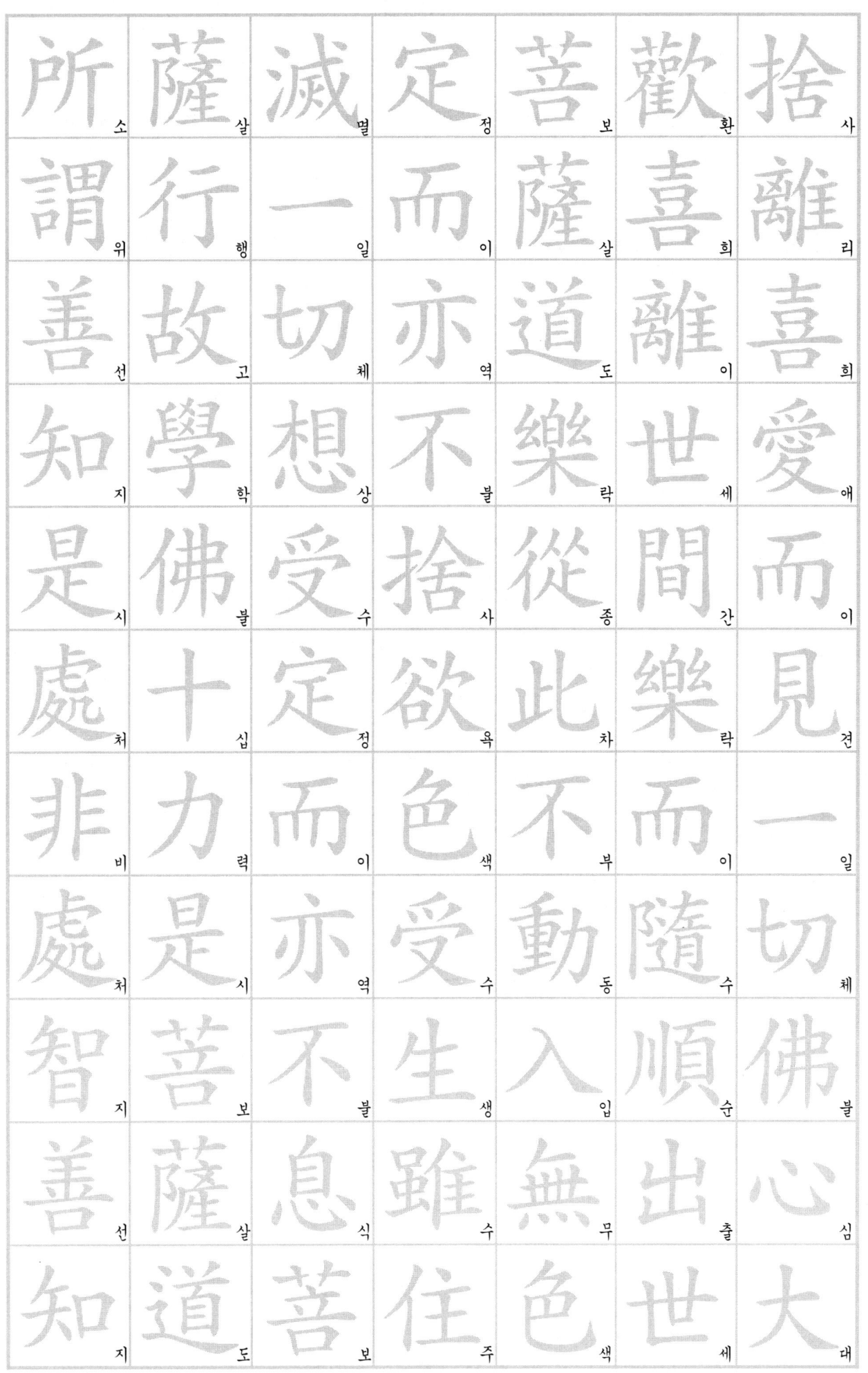

捨離喜愛而見一切佛心大
歡喜菩薩喜離世間樂從此樂不而隨順出世
菩提薩亦道不樂捨欲此色不動入無色
定而一切想受定而色亦受生雖無住
滅行故學佛十力是菩薩道菩
所謂善知是處非處智善薩知

果과	根근	切체	一일	入입	切체	
一일	不부	衆중	切체	法법	刹찰	
切체	智지	生생	衆중	方방	一일	
衆중	善선	同동	生생	便편	切체	
生생	知지	隨수	種종	智지	三삼	
去거	一일	宜의	種종	軟연	世세	
來래	切체	說설	無무	中중	編변	
現현	衆중	法법	量량	上상	一일	一일
在재	生생	智지	性성	解해	切체	切체
業업	善선	智지	差차	世세	劫겁
報보	知지	中중	別별	間간	普보
因인	一일	下하	知지	令영	一일	現현

사경의 공덕은 십만억 부처님께 공양한 것과 같은 공덕이 있습니다.

如여	薩살	脫탈	非비	門문	死사	悉실
來래	所소	及급	時시	智지	此차	知지
形형	行행	諸제	方방	知지	生생	三삼
相상	智지	三삼	便편	一일	彼피	世세
威위	善선	昧매	出출	切체	差차	一일
儀의	知지	若약	生생	衆중	別별	切체
而이	一일	垢구	諸제	生생	智지	劫겁
亦역	切체	若약	菩보	於어	於어	數수
不불	諸제	淨정	薩살	諸제	一일	智지
捨사	禪선	時시	解해	趣취	念념	善선
菩보	解해	與여	脫탈	中중	中중	知지

사경의 공덕은 십만억 부처님께 공양한 것과 같은 공덕이 있습니다.

大方廣佛華嚴經 29

莊 장	道 도		得 득	爲 위	盡 진	一 일
嚴 엄	無 무	佛 불	一 일	十 십	智 지	切 체
道 도	量 량	子 자	切 체	若 약	而 이	衆 중
佛 불	助 조	菩 보	如 여	諸 제	不 불	生 생
子 자	道 도	薩 살	來 래	菩 보	捨 사	樂 락
菩 보	無 무	摩 마	無 무	薩 살	離 리	欲 욕
薩 살	量 량	訶 하	上 상	安 안	諸 제	諸 제
摩 마	修 수	薩 살	巧 교	住 주	菩 보	使 사
訶 하	道 도	有 유	方 방	此 차	薩 살	惑 혹
薩 살	無 무	無 무	便 편	法 법	行 행	習 습
有 유	量 량	量 량	道 도	則 즉	是 시	滅 멸

사경의 공덕은 십만억 부처님께 공양한 것과 같은 공덕이 있습니다.

無무	量량	量량	衆중	法법	虛허	十십
量량	劫겁	世세	生생	界계	空공	種종
一일	數수	界계	界계	無무	無무	無무
切체	不불	無무	無무	邊변	量량	量량
衆중	可가	際제	盡진	故고	故고	道도
生생	盡진	故고	故고	菩보	菩보	何하
語어	故고	菩보	菩보	薩살	薩살	等등
言언	菩보	薩살	薩살	道도	道도	爲위
法법	薩살	道도	道도	亦역	亦역	十십
無무	道도	亦역	亦역	無무	無무	所소
量량	亦역	無무	無무	量량	量량	謂위

사경의 공덕은 십만억 부처님께 공양한 것과 같은 공덕이 있습니다.

	量	切	力	無	故
佛	是	智	無	量	菩
子	爲	智	量	故	薩
菩	十	無	故	菩	道
薩		量	菩	薩	亦
摩		故	薩	道	無
訶		菩	道	亦	量
薩		薩	亦	無	如
有		道	無	量	來
十		亦	量	如	身
種		無	一	來	聲 無

사경의 공덕은 십만억 부처님께 공양한 것과 같은 공덕이 있습니다.

無量助道所謂如虛空界無量菩薩集助道亦無量如法界無邊菩薩集助道亦無邊如衆生界無盡菩薩集助道亦無盡如世界無際菩薩集助道亦無際如劫數說不可盡菩薩集助道亦一切世間

사경의 공덕은 십만억 부처님께 공양한 것과 같은 공덕이 있습니다.

大方廣佛華嚴經

言	量	一	量	語	量	說
音	如	切	菩	言	菩	不
周	佛	剎	薩	法	薩	能
徧	音	一	集	亦	集	盡
法	聲	切	助	無	助	如
界	無	世	道	量	道	衆
一	量	一	徧	如	出	生
切	菩	切	一	如	生	語
衆	薩	劫	切	來	智	言
生	出	亦	衆	身	慧	法
無	一	無	生	無	知	無

사경의 공덕은 십만억 부처님께 공양한 것과 같은 공덕이 있습니다.

慧혜	安안	是시	智지	積적	如여	不불
	住주	無무	無무	集집	佛불	聞문
	此차	有유	量량	助조	力력	知지
	法법	量량	菩보	道도	無무	故고
	則즉	是시	薩살	亦역	量량	所소
	得득	爲위	積적	無무	菩보	集집
	如여	十십	集집	量량	薩살	助조
	來래	若약	助조	如여	承승	道도
	無무	諸제	道도	一일	如여	亦역
	量량	菩보	亦역	切체	來래	無무
	智지	薩살	如여	智지	力력	量량

사경의 공덕은 십만억 부처님께 공양한 것과 같은 공덕이 있습니다.

時시	夢몽	有유	故고	來래	無무
焰염	如여	非비	不부	不불	量량	佛불
如여	影영	無무	增증	去거	修수	子자
水수	如여	修수	不불	修수	道도	菩보
中중	響향	無무	減감	身신	何하	薩살
月월	如여	自자	修수	語어	等등	摩마
修수	鏡경	性성	如여	意의	爲위	訶하
離이	中중	故고	本본	業업	十십	薩살
一일	像상	如여	性성	無무	所소	有유
切체	如여	幻환	故고	動동	謂위	十십
執집	熱열	如여	非비	作작	不불	種종

사경의 공덕은 십만억 부처님께 공양한 것과 같은 공덕이 있습니다.

虛空際故　廣大智慧　修普入一切法　眞如實際　現知立一法故　離施設　安無言說故　不可三界　說而無集　福德　不言　不休息故　修遠故　明

見　不可　三界　而無　集　福德　不言　不休　息故　修遠故　明

着故　空無　無相　無願　無作　修　明

사경의 공덕은 십만억 부처님께 공양한 것과 같은 공덕이 있습니다.

大方廣佛華嚴經

所作力 無所畏 無一切盡故 住一切智平等 如來十力

四現見 諸菩薩法 無疑惑故 則是 爲修十力

十若 一切菩薩 安住 此善巧法 修得

如來佛子 一切菩薩摩訶薩 有十種

莊嚴道 何等爲十 佛子 菩薩

사경의 공덕은 십만억 부처님께 공양한 것과 같은 공덕이 있습니다.

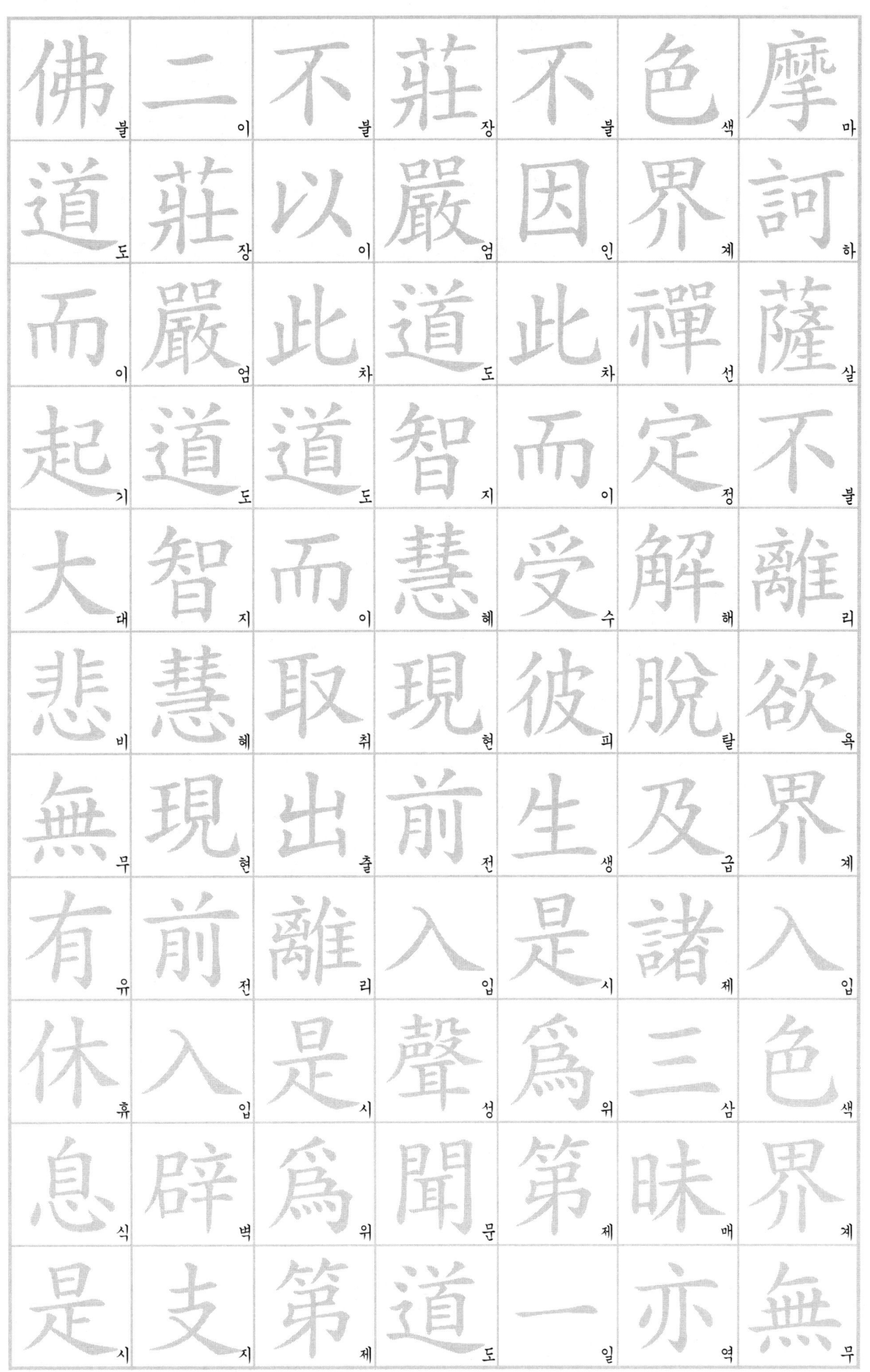

사경의 공덕은 십만억 부처님께 공양한 것과 같은 공덕이 있습니다.

平等三昧是爲第五莊嚴道 至未曾於一念間捨離菩薩 衆未生受諸欲樂共相娛樂乃 昧是爲暫捨第四禪定解脫與及一切 未曾圍遶百千婇女歌舞侍從眷 屬爲第三三昧莊嚴道雖有人天

七칠 令영 切체 正정 生생 法법 已이
莊장 彼피 邪사 道도 行행 悉실 到도
嚴엄 衆중 道도 正정 是시 無무 一일
道도 生생 不불 智지 爲위 所소 切체
常상 遠원 取취 正정 第제 着착 世세
善선 離리 爲위 見견 六육 而이 間간
護호 邪사 實실 而이 莊장 亦역 彼피
持지 法법 不부 能능 嚴엄 不불 岸안
如여 是시 執집 示시 道도 捨사 於어
來래 爲위 爲위 入입 安안 度도 諸제
淨정 第제 淨정 一일 住주 衆중 世세

實 실	等 등	獄 옥	住 주	愚 우	教 교	戒 계
菩 보	處 처	畜 축	菩 보	之 지	化 화	身 신
薩 살	令 영	生 생	薩 살	行 행	犯 범	語 어
不 불	彼 피	餓 아	趣 취	雖 수	戒 계	意 의
生 생	衆 중	鬼 귀	而 이	已 이	衆 중	業 업
彼 피	生 생	及 급	示 시	具 구	生 생	無 무
趣 취	皆 개	諸 제	生 생	足 족	示 시	諸 제
是 시	得 득	險 험	於 어	清 청	行 행	過 과
為 위	解 해	難 난	一 일	淨 정	一 일	失 실
第 제	脫 탈	貧 빈	切 체	福 복	切 체	為 위
八 팔	而 이	窮 궁	地 지	德 덕	凡 범	欲 욕

사경의 공덕은 십만억 부처님께 공양한 것과 같은 공덕이 있습니다.

現현	一일	切체	一일	法법	智지	莊장
其기	切체	堅견	切체	爲위	慧혜	嚴엄
前전	平평	固고	諸제	一일	光광	道도
具구	等등	大대	佛불	切체	明명	不불
足족	諸제	人인	同동	如여	普보	由유
一일	乘승	明명	一일	來래	能능	他타
切체	諸제	淨정	法법	神신	照조	敎교
世세	佛불	密밀	身신	力력	了료	得득
智지	境경	法법	成성	所소	一일	無무
光광	界계	安안	就취	持지	切체	礙애
明명	皆개	住주	一일	與여	佛불	辯변

사경의 공덕은 십만억 부처님께 공양한 것과 같은 공덕이 있습니다.

大方廣佛華嚴經

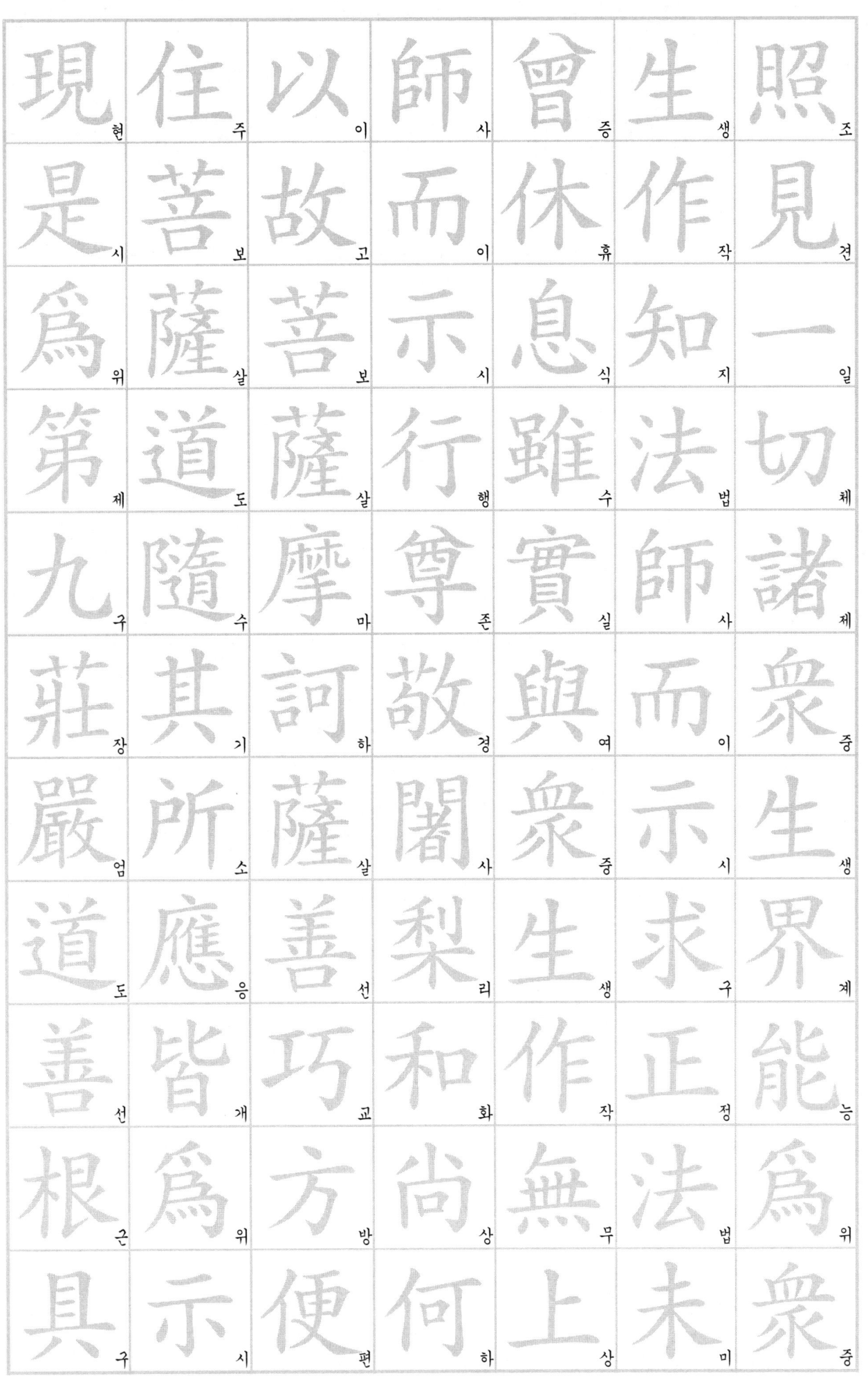

照見一切諸衆生界能爲衆
조견일체제중생계능위중

生作知法師而示求正法未
생작지법사이시구정법미

曾休息雖實與衆生作無上
증휴식수실여중생작무상

師而示行尊敬闍梨和尙何
사이시행존경사리화상하

以故菩薩摩訶薩善巧方便
이고보살마하살선교방편

住菩薩道隨其所應皆爲示
주보살도수기소응개위시

現是爲第九莊嚴道善根具
현시위제구장엄도선근구

사경의 공덕은 십만억 부처님께 공양한 것과 같은 공덕이 있습니다.

足(족) 諸(제) 行(행) 究(구) 竟(경) 一(일) 切(체) 如(여) 來(래) 所(소) 共(공)
灌(관) 頂(정) 到(도) 一(일) 切(체) 法(법) 自(자) 在(재) 彼(피) 岸(안) 無(무)
礙(애) 法(법) 繒(증) 以(이) 冠(관) 其(기) 首(수) 其(기) 身(신) 徧(변) 至(지)
一(일) 切(체) 世(세) 界(계) 普(보) 現(현) 如(여) 來(래) 無(무) 礙(애) 之(지)
身(신) 於(어) 法(법) 自(자) 在(재) 最(최) 上(상) 究(구) 竟(경) 轉(전) 於(어)
無(무) 礙(애) 淸(청) 淨(정) 法(법) 輪(륜) 一(일) 切(체) 菩(보) 薩(살) 自(자)
在(재) 之(지) 法(법) 皆(개) 已(이) 成(성) 就(취) 而(이) 爲(위) 衆(중) 生(생)

故於一切國土示現而受生與廢菩提薩菩薩境界法界而不不不不廢與三世諸佛同一境界法界而不不不菩薩菩薩行不離不捨菩薩菩薩道不不菩薩儀不斷絕菩薩取所不作息菩薩菩薩不不方便不斷絕菩薩取所作事不厭巧菩薩生成用不止菩薩住持

사경의 공덕은 십만억 부처님께 공양한 것과 같은 공덕이 있습니다.

力何以故菩薩摩訶薩欲疾證阿耨多羅三藐三菩提三菩薩無休息故一切智故門修十莊嚴菩薩行諸菩薩安住爲第法則得如道無上大莊嚴道此亦不捨菩薩摩訶道佛子菩薩薩有十種

사경의 공덕은 십만억 부처님께 공양한 것과 같은 공덕이 있습니다.

사경의 공덕은 십만억 부처님께 공양한 것과 같은 공덕이 있습니다.

舒서	欲욕	故고	佛불	手수		至지
展전	皆개	布보	所소	何하	佛불	一일
右우	令령	施시	說설	等등	子자	切체
掌장	充충	手수	一일	爲위	菩보	世세
相상	滿만	有유	向향	十십	薩살	界계
迎영	故고	來래	忍인	所소	摩마	
引인	先선	求구	可가	謂위	訶하	
故고	意의	者자	究구	深심	薩살	
供공	問문	隨수	竟경	信신	有유	
養양	訊신	其기	受수	手수	十십	
諸제	手수	所소	持지	於어	種종	

사경의 공덕은 십만억 부처님께 공양한 것과 같은 공덕이 있습니다.

用 용	手 수	流 류	出 출	故 고	聞 문	佛 불
衆 중	所 소	中 중	欲 욕	令 영	善 선	手 수
論 론	有 유	救 구	泥 니	超 초	巧 교	集 집
手 수	妙 묘	溺 닉	故 고	三 삼	手 수	衆 중
以 이	法 법	衆 중	置 치	界 계	悉 실	福 복
智 지	悉 실	生 생	於 어	手 수	斷 단	德 덕
慧 혜	以 이	故 고	彼 피	授 수	一 일	無 무
藥 약	開 개	不 불	岸 안	與 여	切 체	疲 피
滅 멸	示 시	怜 린	手 수	衆 중	衆 중	厭 염
身 신	故 고	正 정	四 사	生 생	生 생	故 고
心 심	善 선	法 법	暴 폭	拔 발	疑 의	多 다

사경의 공덕은 십만억 부처님께 공양한 것과 같은 공덕이 있습니다.

心 심	腹 복		手 수	薩 살	破 파	病 병
淸 청	何 하	佛 불	普 보	安 안	煩 번	故 고
淨 정	等 등	子 자	覆 부	住 주	惱 뇌	恒 항
故 고	爲 위	菩 보	十 시	此 차	暗 암	持 지
離 이	十 십	薩 살	方 방	法 법	故 고	智 지
幻 환	所 소	摩 마	一 일	則 즉	是 시	寶 보
僞 위	謂 위	訶 하	切 체	得 득	爲 위	手 수
腹 복	離 리	薩 살	世 세	如 여	十 십	開 개
性 성	諂 첨	有 유	界 계	來 래	若 약	法 법
質 질	曲 곡	十 십		無 무	諸 제	光 광
直 직	腹 복	種 종		上 상	菩 보	明 명

成熟深心故
遠離一切
起故覺悟
實法故
離諸惡故
觀察無作
離道腹覺悟
煩惱腹
於一切
智慧
故
奪腹
清淨心
奪腹
於一
假一切腹
無險
誹
故
無
欺

사경의 공덕은 십만억 부처님께 공양한 것과 같은 공덕이 있습니다.

是시	藏장		能능	法법	故고	垢구
菩보	何하	佛불	容용	則즉	是시	腹복
薩살	等등	子자	受수	得득	爲위	令영
藏장	爲위	菩보	一일	如여	十십	一일
開개	十십	薩살	切체	來래	若약	切체
示시	所소	摩마	衆중	無무	諸제	衆중
佛불	謂위	訶하	生생	上상	菩보	生생
法법	不부	薩살		廣광	薩살	得득
無무	斷단	有유		大대	安안	入입
量량	佛불	十십		腹복	住주	佛불
威위	種종	種종		悉실	此차	腹복

사경의 공덕은 십만억 부처님께 공양한 것과 같은 공덕이 있습니다.

藏장 究구 薩살 法법 種종 生생 德덕
令영 竟경 藏장 輪륜 是시 智지 故고
因인 成성 善선 故고 菩보 慧혜 增증
相상 熟숙 隨수 覺각 薩살 廣광 長장
續속 不부 其기 悟오 藏장 大대 法법
無무 定정 時시 正정 令영 光광 種종
有유 衆중 不불 定정 其기 明명 是시
間간 生생 踰유 衆중 得득 故고 菩보
斷단 是시 一일 生생 入입 住주 薩살
故고 菩보 念념 是시 不불 持지 藏장
爲위 薩살 故고 菩보 退퇴 僧승 出출

사경의 공덕은 십만억 부처님께 공양한 것과 같은 공덕이 있습니다.

十	令	勝	具	佛	藏	邪
八	一	無	降	十	令	定
不	切	畏	伏	力	未	衆
共	衆	大	魔	不	來	生
法	生	師	軍	可	因	發
是	皆	子	無	壞	悉	起
菩	歡	吼	對	因	得	大
薩	喜	是	善	是	成	悲
藏	故	菩	根	菩	就	是
智	得	薩	故	薩	故	菩
慧	佛	藏	最	藏	滿	薩

사경의 공덕은 십만억 부처님께 공양한 것과 같은 공덕이 있습니다.

	壞괴	法법	故고	是시	衆중	普보
佛불	大대	則즉	是시	菩보	生생	入입
子자	智지	得득	爲위	薩살	一일	一일
菩보	慧혜	如여	十십	藏장	切체	切체
薩살	藏장	來래	若약	於어	刹찰	處처
摩마		無무	諸제	一일	一일	故고
訶하		上상	菩보	念념	切체	普보
薩살		善선	薩살	中중	法법	了료
有유		根근	安안	悉실	一일	知지
十십		不불	住주	明명	切체	一일
種종		可가	此차	見견	佛불	切체

사경의 공덕은 십만억 부처님께 공양한 것과 같은 공덕이 있습니다.

清청	轉전	心심	摧최	集집	切체	心심
淨정	心심	除제	破파	相상	所소	何하
心심	乃내	滅멸	一일	好호	作작	等등
知지	至지	一일	切체	福복	悉실	爲위
心심	菩보	切체	諸제	德덕	究구	十십
不부	提리	諸제	魔마	行행	竟경	所소
動동	終종	煩번	軍군	故고	故고	謂위
無무	不불	惱뇌	故고	大대	不불	精정
所소	息식	故고	如여	勇용	懈해	勤근
着착	故고	不불	理리	健건	心심	心심
故고	性성	退퇴	行행	心심	積적	一일

사경의 공덕은 십만억 부처님께 공양한 것과 같은 공덕이 있습니다.

衆	金	見	救	衆	故	知
生	剛	三	護	生	令	衆
數	堅	界	故	種	入	生
等	固	相	空	種	佛	心
魔	勝	不	無	解	法	隨
來	藏	取	相	欲	大	其
乃	莊	着	無	不	梵	解
至	嚴	故	願	以	住	欲
不	心	卍	無	別	心	令
能	一	字	作	乘	知	出
動	切	相	心	而	諸	離

사경의 공덕은 십만억 부처님께 공양한 것과 같은 공덕이 있습니다.

甲 갑	甲 갑	被 피		光 광	住 주	一 일
堪 감	救 구	甲 갑	佛 불	明 명	此 차	毛 모
忍 인	護 호	何 하	子 자	藏 장	法 법	故 고
一 일	一 일	等 등	菩 보	心 심	則 즉	是 시
切 체	切 체	爲 위	薩 살		得 득	爲 위
諸 제	衆 중	十 십	摩 마		如 여	十 십
苦 고	生 생	所 소	訶 하		來 래	若 약
故 고	故 고	謂 위	薩 살		無 무	諸 제
被 피	被 피	被 피	有 유		上 상	菩 보
大 대	大 대	大 대	十 십		大 대	薩 살
願 원	悲 비	慈 자	種 종		智 지	安 안

사경의 공덕은 십만억 부처님께 공양한 것과 같은 공덕이 있습니다.

門문	惱뇌	故고	波바	德덕	甲갑	甲갑
善선	暗암	被피	羅라	甲갑	建건	一일
根근	故고	智지	蜜밀	饒요	立립	切체
故고	被피	慧혜	甲갑	益익	一일	所소
被피	善선	甲갑	度도	一일	切체	作작
一일	巧교	滅멸	脫탈	切체	佛불	究구
切체	方방	一일	一일	諸제	莊장	竟경
智지	便편	切체	切체	衆중	嚴엄	故고
心심	甲갑	衆중	諸제	生생	故고	被피
堅견	生생	生생	含함	故고	被피	廻회
固고	普보	煩번	識식	被피	福복	向향

사경의 공덕은 십만억 부처님께 공양한 것과 같은 공덕이 있습니다.

器기	摧최	法법	故고	心심	不불
仗장	佛불	伏복	則즉	是시	決결	散산
何하	子자	一일	被피	爲위	定정	亂란
等등	菩보	切체	如여	十십	甲갑	甲갑
爲위	薩살	魔마	來래	若약	於어	不불
十십	摩마	軍군	無무	諸제	一일	樂락
所소	訶하		上상	菩보	切체	餘여
謂위	薩살		甲갑	薩살	法법	乘승
布보	有유		冑주	安안	離이	故고
施시	十십		悉실	住주	疑의	被피
是시	種종		能능	此차	惑혹	一일

사경의 공덕은 십만억 부처님께 공양한 것과 같은 공덕이 있습니다.

菩薩器仗 摧破一切慳悋故 持戒是菩薩器仗 棄捨一切毀犯故 平等是菩薩器仗 斷除一切分別故 智慧是菩薩器仗 消滅一切煩惱故 正命是菩薩器仗 遠離一切邪命故 善巧方便是菩薩器仗 於

菩薩能生煩惱器仗、能破一切煩惱器仗故。菩薩說如實斷眾生煩惱門、不度煩惱示現。菩薩捨著法、菩薩生是故。菩薩故、是故菩薩略說。菩薩一菩行生薩說、行切薩教死器貪、門智器化是仗瞋、故是仗眾菩以癡

사경의 공덕은 십만억 부처님께 공양한 것과 같은 공덕이 있습니다.

是則爲十若諸菩薩安住此法

集能除滅一切衆生安長夜住此法

佛煩惱結使

首何等爲十所謂涅槃人天無種

能見故尊敬首一切菩薩摩訶薩有十種

所敬禮故廣大勝解首三千

사경의 공덕은 십만억 부처님께 공양한 것과 같은 공덕이 있습니다.

界中最為勝故第一善根 首衆生荷戴不衆首
三界首衆生咸上供養故相荷戴不衆
生首成就於頂一肉髻相尊故不衆
輕賤他故首於一切處常一尊勝
般若波羅蜜方便智相應一首普一切
功德般若法故方便智相應首長養一首普
現一切法同類身故教化

眼		上	菩	寶	故	衆
所	佛	大	薩	種	守	生
謂	子	智	安	不	護	首
肉	菩	慧	住	斷	諸	以
眼	薩	首	此	絶	佛	一
見	摩		法	故	法	切
一	訶		則	是	眼	衆
切	薩		得	爲	首	生
色	有		如	十	能	爲
故	十		來	若	令	弟
天	種		無	諸	三	子

사경의 공덕은 십만억 부처님께 공양한 것과 같은 공덕이 있습니다.

眼안	一일	見견	如여	故고	死사	無무
見견	切체	一일	來래	光광	眼안	障장
一일	衆중	切체	十십	明명	見견	故고
切체	生생	法법	力력	眼안	涅열	一일
衆중	諸제	如여	故고	見견	槃반	切체
生생	根근	實실	智지	佛불	故고	智지
心심	境경	相상	眼안	光광	無무	眼안
故고	界계	故고	知지	明명	礙애	見견
慧혜	故고	佛불	見견	故고	眼안	普보
眼안	法법	眼안	諸제	出출	所소	門문
見견	眼안	見견	法법	生생	見견	法법

사경의 공덕은 십만억 부처님께 공양한 것과 같은 공덕이 있습니다.

大方廣佛華嚴經 68

恚	斷	耳		眼	此	界
에	단	이		안	차	계
聞	除	何	佛		法	故
문	제	하	불		법	고
說	貪	等	子		則	是
설	탐	등	자		즉	시
二	愛	爲	菩		得	爲
이	애	위	보		득	위
乘	聞	十	薩		如	十
승	문	십	살		여	십
不	毀	所	摩		來	若
불	훼	소	마		래	약
着	皆	謂	訶		無	諸
착	개	위	하		무	제
不	聲	聞	薩		上	菩
불	성	문	살		상	보
求	斷	讚	有		大	薩
구	단	찬	유		대	살
聞	除	歎	十		智	安
문	제	탄	십		지	안
菩	瞋	聲	種		慧	住
보	진	성	종		혜	주

사경의 공덕은 십만억 부처님께 공양한 것과 같은 공덕이 있습니다.

薩	苦	聞	是	功	說	願
살	고	문	시	공	설	원
道	難	說	無	德	六	到
도	난	설	무	덕	육	도
歡	處	人	常	勤	度	彼
환	처	인	상	근	도	피
喜	起	天	之	加	四	岸
희	기	천	지	가	사	안
踊	大	勝	法	精	攝	聞
용	대	승	법	정	섭	문
躍	悲	妙	聞	進	等	十
약	비	묘	문	진	등	시
聞	心	之	有	令	法	方
문	심	지	유	영	법	방
地	發	事	讚	速	發	世
지	발	사	찬	속	발	세
獄	弘	知	歎	圓	心	界
옥	홍	지	탄	원	심	계
等	誓	彼	諸	滿	修	一
등	서	피	제	만	수	일
諸	願	皆	佛	聞	行	切
제	원	개	불	문	행	체

사경의 공덕은 십만억 부처님께 공양한 것과 같은 공덕이 있습니다.

	得득	爲위	暫잠	心심	深심	音음
佛불	如여	十십	息식	乃내	妙묘	聲성
子자	來래	若약	而이	至지	義의	悉실
菩보	無무	諸제	恒항	道도	菩보	知지
薩살	上상	菩보	不불	場량	薩살	如여
摩마	大대	薩살	捨사	常상	摩마	響향
訶하	智지	成성	化화	聞문	訶하	入입
薩살	慧혜	就취	衆중	正정	薩살	不불
有유	耳	此차	生생	法법	從종	可가
十십		法법	事사	未미	初초	說설
種종		則즉	是시	曾증	發발	甚심

사경의 공덕은 십만억 부처님께 공양한 것과 같은 공덕이 있습니다.

行	則	服	非	香	不	鼻
행	즉	복	비	향	불	비
若	能	臥	臭	香	以	何
약	능	와	취	향	이	하
聞	知	具	安	臭	爲	等
문	지	구	안	취	위	등
諸	彼	及	住	俱	臭	爲
제	피	급	주	구	취	위
伏	貪	其	於	聞	聞	十
복	탐	기	어	문	문	십
藏	恚	肢	捨	其	諸	所
장	에	지	사	기	제	소
草	愚	體	若	心	香	謂
초	우	체	약	심	향	위
木	癡	所	聞	平	氣	聞
목	치	소	문	평	기	문
等	等	有	衆	等	不	諸
등	등	유	중	등	불	제
香	分	香	生	非	以	臭
향	분	향	생	비	이	취
皆	之	臭	衣	香	爲	物
개	지	취	의	향	위	물

사경의 공덕은 십만억 부처님께 공양한 것과 같은 공덕이 있습니다.

大方廣佛華嚴經 72

如對目前 分明辯了 若聞下
至阿鼻地獄 上至有頂之衆生
之香 皆知彼過去所行之行
若聞諸聲聞布施持戒多聞
慧香 住一切智 心不令散動
若聞一切菩薩行香 以平等
慧入如來地 聞一切佛智境

사경의 공덕은 십만억 부처님께 공양한 것과 같은 공덕이 있습니다.

大方廣佛華嚴經

盡 진	無 무	舌 설		得 득	爲 위	界 계
法 법	盡 진	何 하	佛 불	如 여	十 십	香 향
門 문	衆 중	等 등	子 자	來 래	若 약	亦 역
舌 설	生 생	爲 위	菩 보	無 무	諸 제	不 불
讚 찬	行 행	十 십	薩 살	量 량	菩 보	廢 폐
歎 탄	舌 설	所 소	摩 마	無 무	薩 살	捨 사
諸 제	開 개	謂 위	訶 하	邊 변	成 성	諸 제
佛 불	示 시	開 개	薩 살	清 청	就 취	菩 보
無 무	演 연	示 시	有 유	淨 정	此 차	薩 살
盡 진	說 설	演 연	十 십	鼻 비	法 법	行 행
功 공	無 무	說 설	種 종		則 즉	是 시

사경의 공덕은 십만억 부처님께 공양한 것과 같은 공덕이 있습니다.

爲 위	切 체	降 항	生 생	舌 설	大 대	德 덕
十 십	生 생	伏 복	悟 오	普 보	乘 승	舌 설
若 약	死 사	一 일	解 해	照 조	助 조	演 연
諸 제	煩 번	切 체	舌 설	一 일	道 도	暢 창
菩 보	惱 뇌	諸 제	悉 실	切 체	舌 설	詞 사
薩 살	令 령	魔 마	令 령	佛 불	徧 변	辯 변
成 성	至 지	外 외	諸 제	刹 찰	覆 부	無 무
就 취	涅 열	道 도	佛 불	舌 설	十 시	盡 진
此 차	槃 반	除 제	歡 환	普 보	方 방	舌 설
法 법	舌 설	滅 멸	喜 희	使 사	虛 허	開 개
則 즉	是 시	一 일	舌 설	衆 중	空 공	闡 천

사경의 공덕은 십만억 부처님께 공양한 것과 같은 공덕이 있습니다.

敎 교	化 화	化 화	身 신		無 무	得 득
化 화	地 지	一 일	何 하	佛 불	上 상	如 여
欲 욕	獄 옥	切 체	等 등	子 자	舌 설	來 래
界 계	畜 축	諸 제	爲 위	菩 보		徧 변
色 색	生 생	人 인	十 십	薩 살		覆 부
界 계	餓 아	故 고	所 소	摩 마		一 일
無 무	鬼 귀	非 비	謂 위	訶 하		切 체
色 색	故 고	人 인	人 인	薩 살		諸 제
界 계	天 천	身 신	身 신	有 유		佛 불
衆 중	身 신	爲 위	爲 위	十 십		國 국
生 생	爲 위	敎 교	敎 교	種 종		土 토

사경의 공덕은 십만억 부처님께 공양한 것과 같은 공덕이 있습니다.

切체	無무	灌관	令영	化화	示시	故고
衆중	漏루	頂정	成성	令령	現현	學학
生생	法법	故고	就취	入입	阿아	身신
身신	身신	意의	大대	辟벽	羅라	示시
故고	以이	生생	乘승	支지	漢한	現현
是시	無무	身신	故고	佛불	地지	學학
爲위	功공	善선	如여	地지	故고	地지
十십	用용	巧교	來래	故고	獨독	故고
若약	示시	出출	身신	菩보	覺각	無무
諸제	現현	生생	智지	薩살	身신	學학
菩보	一일	故고	水수	身신	敎교	身신

사경의 공덕은 십만억 부처님께 공양한 것과 같은 공덕이 있습니다.

薩成就此法、則得如來無上之身。佛子、菩薩摩訶薩有十種意。何等爲十、所謂上首意、發起意、堅固不動故、深入意、隨順佛法而解故、了知諸衆生、起一切善根故、安住意深信、堅固不動故、深入意、隨順佛法而解故、內了意、知諸衆生

사경의 공덕은 십만억 부처님께 공양한 것과 같은 공덕이 있습니다.

大方廣佛華嚴經 78

佛	令	生	時	故	雜	心
불	령	생	시	고	잡	심
三	馳	過	故	善	故	樂
삼	치	과	고	선	고	락
昧	散	故	善	觀	明	故
매	산	고	선	관	명	고
無	故	密	擇	衆	淨	無
무	고	밀	택	중	정	무
我	善	護	所	生	意	亂
아	선	호	소	생	의	난
我	入	諸	作	意	客	意
아	입	제	작	의	객	의
所	三	根	意	無	塵	一
소	삼	근	의	무	진	일
故	昧	意	未	有	不	切
고	매	의	미	유	불	체
是	意	調	曾	一	能	煩
시	의	조	증	일	능	번
爲	深	伏	一	念	染	惱
위	심	복	일	념	염	뇌
十	入	不	處	失	着	不
십	입	불	처	실	착	부

사경의 공덕은 십만억 부처님께 공양한 것과 같은 공덕이 있습니다.

心 심	故 고	樂 락	行 행		切 체	若 약
故 고	離 이	於 어	何 하	佛 불	佛 불	諸 제
欲 욕	貪 탐	法 법	等 등	子 자	無 무	菩 보
界 계	恚 에	故 고	爲 위	菩 보	上 상	薩 살
行 행	癡 치	說 설	十 십	薩 살	意 의	安 안
敎 교	怖 포	法 법	所 소	摩 마		住 주
化 화	畏 외	行 행	謂 위	訶 하		此 차
欲 욕	行 행	利 이	聞 문	薩 살		法 법
界 계	調 조	益 익	法 법	有 유		則 즉
衆 중	伏 복	衆 중	行 행	十 십		得 득
生 생	自 자	生 생	愛 애	種 종		一 일

사경의 공덕은 십만억 부처님께 공양한 것과 같은 공덕이 있습니다.

菩보	續속	諸제	生생	故고	還환	故고
薩살	故고	佛불	故고	一일	故고	色색
法법	成성	故고	一일	切체	趣취	無무
行행	滿만	涅열	切체	生생	向향	色색
故고	一일	槃반	佛불	處처	法법	界계
是시	切체	行행	刹찰	行행	義의	三삼
爲위	佛불	不부	行행	自자	行행	昧매
十십	法법	斷단	禮예	在재	速속	行행
若약	行행	生생	拜배	敎교	得득	令영
諸제	不불	死사	供공	化화	智지	速속
菩보	捨사	相상	養양	衆중	慧혜	轉전

사경의 공덕은 십만억 부처님께 공양한 것과 같은 공덕이 있습니다.

阿 아	助 조	曾 증	住 주		無 무	薩 살
蘭 란	道 도	不 불	何 하	佛 불	去 거	安 안
若 야	故 고	忘 망	等 등	子 자	行 행	住 주
住 주	說 설	失 실	爲 위	菩 보		此 차
證 증	法 법	故 고	十 십	薩 살		法 법
大 대	住 주	波 바	所 소	摩 마		則 즉
禪 선	增 증	羅 라	謂 위	訶 하		得 득
定 정	長 장	蜜 밀	菩 보	薩 살		如 여
故 고	智 지	住 주	提 리	有 유		來 래
隨 수	慧 혜	不 불	心 심	十 십		無 무
順 순	故 고	厭 염	住 주	種 종		來 래

사경의 공덕은 십만억 부처님께 공양한 것과 같은 공덕이 있습니다.

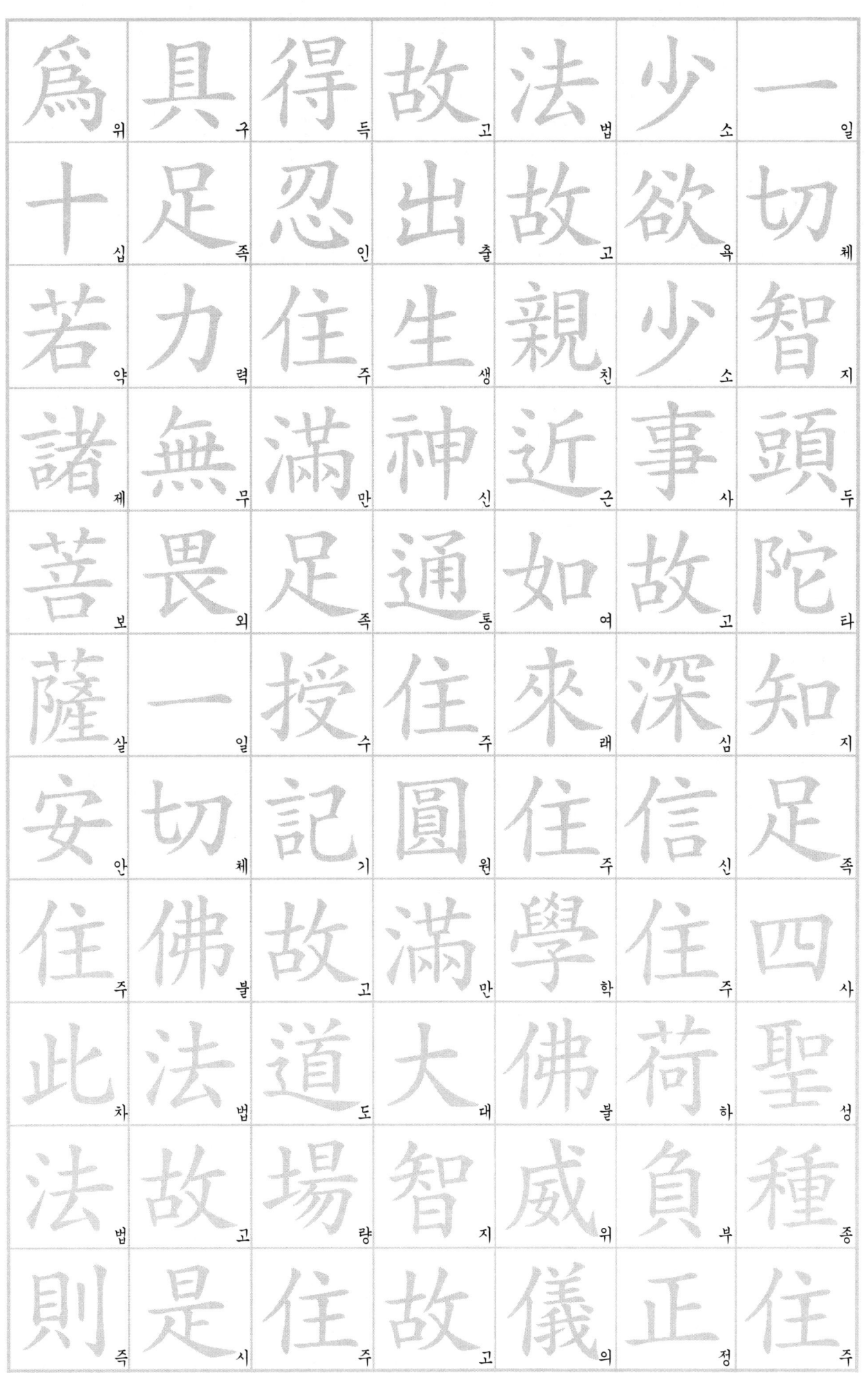

사경의 공덕은 십만억 부처님께 공양한 것과 같은 공덕이 있습니다.

사경의 공덕은 십만억 부처님께 공양한 것과 같은 공덕이 있습니다.

師	總	坐	衆	切	衆	菩
사	총	좌	중	체	중	보
子	持	誓	生	苦	魔	薩
자	지	서	생	고	마	살
坐	辯	願	悉	不	及	安
좌	변	원	실	불	급	안
能	才	究	歡	疲	外	住
능	재	구	환	피	외	주
說	力	竟	喜	厭	道	此
설	력	경	희	염	도	차
法	而	故	故	故	故	法
법	이	고	고	고	고	법
故	開	大	大	金	是	則
고	개	대	대	금	시	즉
正	示	慈	悲	剛	爲	得
정	시	자	비	강	위	득
法	故	坐	坐	坐	十	如
법	고	좌	좌	좌	십	여
坐	堅	令	忍	降	若	來
좌	견	영	인	항	약	래
以	固	惡	一	伏	諸	無
이	고	악	일	복	제	무

사경의 공덕은 십만억 부처님께 공양한 것과 같은 공덕이 있습니다.

上正覺坐 菩薩摩訶薩有十種臥 何等爲十 所謂寂靜臥 修身臥 不善業臥 於梵天臥 後天臥 故臥 心臥 定臥 如理臥 謂軟柔臥 善故臥 他自正故 身臥 昧三不惱 怕憺心故 臥故不悔

사경의 공덕은 십만억 부처님께 공양한 것과 같은 공덕이 있습니다.

	臥와	住주	慣관	作작	善선	正정
佛불	悉실	此차	習습	成성	巧교	道도
子자	能능	法법	故고	辦판	廻회	臥와
菩보	開개	則즉	是시	故고	向향	善선
薩살	悟오	得득	爲위	捨사	故고	友우
摩마	一일	如여	十십	諸제	一일	開개
訶하	切체	來래	若약	功공	切체	覺각
薩살	衆중	無무	諸제	用용	事사	故고
有유	生생	上상	菩보	臥와	畢필	妙묘
十십		大대	薩살	一일	臥와	願원
種종		法법	安안	切체	所소	臥와

사경의 공덕은 십만억 부처님께 공양한 것과 같은 공덕이 있습니다.

一切波羅蜜爲所住處
住於有無爲所
離一切未憂惱故以爲所住
輕未學故以大悲爲喜爲所住
平等故以大悲於爲一
慈爲所住處以住衆生不
所住處何等爲十所謂以大

所住處謂菩提以

別切爲所住處心
故法所住處善爲
是平住處不巧首
爲等處觀出觀故
十爲忍察正察以
若所法受位故一
諸住成生故以切
菩處滿故以無空
薩得故以無相爲
安授以念願爲所
住記一慧爲所住

此法則得如來無上無礙所住處佛子菩薩摩訶薩有十種所行正以正念念處所行處所行處所行處爲所行處以諸智慧爲所行處諸佛所念所行處滿足正覺佛法歡喜故諸趣故以正念故以

사경의 공덕은 십만억 부처님께 공양한 것과 같은 공덕이 있습니다.

行행	敎교	衆중	行행	處처	一일	故고
處처	化화	生생	處처	敎교	切체	以이
知지	令영	雜잡	積적	化화	智지	波바
一일	永영	談담	集집	衆중	智지	羅라
切체	離리	戲희	善선	生생	故고	蜜밀
衆중	故고	爲위	根근	故고	以이	爲위
生생	以이	所소	故고	以이	四사	所소
諸제	神신	行행	以이	生생	攝섭	行행
根근	通통	處처	與여	死사	爲위	處처
境경	爲위	隨수	一일	爲위	所소	滿만
界계	所소	應응	切체	所소	行행	足족

사경의 공덕은 십만억 부처님께 공양한 것과 같은 공덕이 있습니다.

	慧	住	薩	所	若	故
佛	所	此	行	行	波	以
子	行	法	故	處	羅	善
菩	處	則	是	成	蜜	巧
薩		得	爲	一	相	方
摩		如	十	切	應	便
訶		來	若	智	故	爲
薩		無	諸	而	以	所
有		上	菩	不	道	行
十		大	薩	斷	場	處
種		智	安	菩	爲	般

사경의 공덕은 십만억 부처님께 공양한 것과 같은 공덕이 있습니다.

觀察觀察何微細等爲十所謂知諸業知諸根知諸法觀察不壞了達不取衆生見故知諸根故觀察諸法如理說修勤察觀不察觀業

觀察決了佛法故無生忍觀察佛眼故無故得智慧觀壞法界故無取衆生見故觀佛

法故無生忍觀察

無무	諸제	十십	故고	觀관	超초	故고
上상	菩보	方방	善선	察찰	出출	不불
大대	薩살	施시	覺각	於어	三삼	退퇴
觀관	安안	作작	智지	一일	界계	地지
察찰	住주	佛불	三삼	切체	二이	觀관
智지	此차	事사	昧매	佛불	乘승	察찰
	法법	故고	觀관	法법	地지	滅멸
	則즉	是시	察찰	自자	故고	一일
	得득	爲위	於어	在재	灌관	切체
	如여	十십	一일	不부	頂정	煩번
	來래	若약	切체	動동	地지	惱뇌

사경의 공덕은 십만억 부처님께 공양한 것과 같은 공덕이 있습니다.

佛子菩薩摩訶薩有十種
불자보살마하살유십종

普觀察何等爲十所謂普觀
보관찰하등위십소위보관

一切諸來求者以無違心滿
일체제래구자이무위심만

其意故普觀一切犯戒衆生
기의고보관일체범계중생

安置如來淨戒中故普觀一
안치여래정계중고보관일

切害心衆生安置如來忍力
체해심중생안치여래인력

中故普觀一切懈怠衆生勸
중고보관일체해태중생권

令	普	來	一	有	順	切
精	觀	一	切	見	其	所
勤	一	一	惡	故	敎	聞
不	切	智	慧	普	命	之
捨	亂	地	衆	觀	住	法
荷	心	無	生	一	佛	疾
負	衆	散	令	切	法	得
大	生	動	除	平	故	證
乘	令	故	疑	等	普	見
擔	住	普	惑	善	觀	最
故	如	觀	破	友	一	上

사경의 공덕은 십만억 부처님께 공양한 것과 같은 공덕이 있습니다.

義故諸不法故觀
故普佛捨則察佛
普觀離之是得子
觀大法爲十菩
悲速若諸薩
一力得諸上摩
切故成菩大訶
無故就薩智薩
邊普一安慧有
衆觀一切住十
生一切智此普十種
常

사경의 공덕은 십만억 부처님께 공양한 것과 같은 공덕이 있습니다.

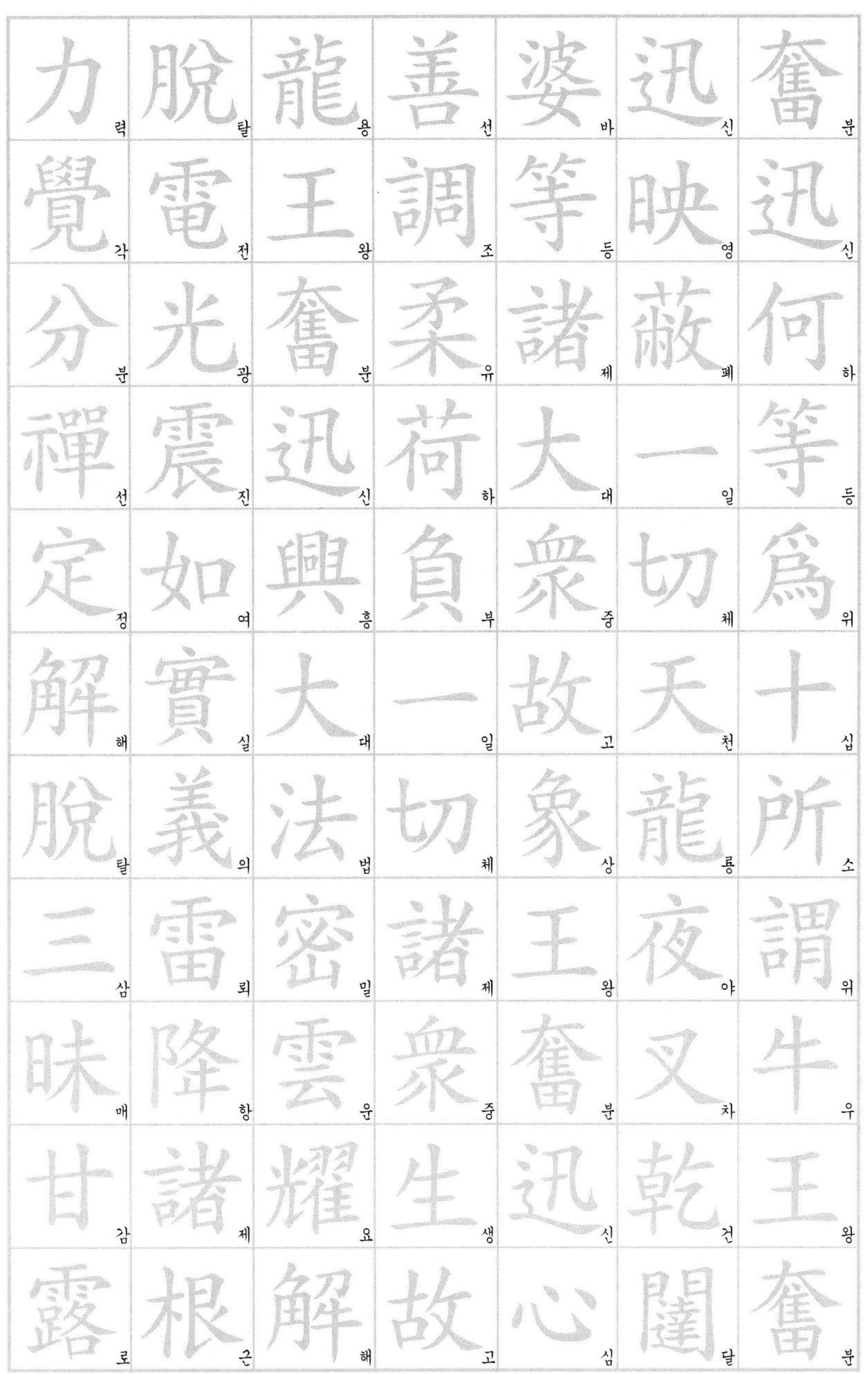

奮분	迅신	婆바	善선	龍용	脫탈	力력
迅신	映영	等등	調조	王왕	電전	覺각
何하	蔽폐	諸제	柔유	奮분	光광	分분
等등	一일	大대	荷하	迅신	震진	禪선
爲위	切체	衆중	負부	興흥	如여	定정
十십	天천	故고	一일	大대	實실	解해
所소	龍룡	象상	切체	法법	義의	脫탈
謂위	夜야	王왕	諸제	密밀	雷뢰	三삼
牛우	叉차	奮분	衆중	雲운	降항	昧매
王왕	乾건	迅신	生생	耀요	諸제	甘감
奮분	闥달	心심	故고	解해	根근	露로

사경의 공덕은 십만억 부처님께 공양한 것과 같은 공덕이 있습니다.

死사 及급 等등 大대 惡악 愛애 雨우
大대 外외 大대 師사 毒독 水수 故고
戰전 道도 智지 子자 龍룡 破파 大대
陣진 故고 以이 王왕 令영 愚우 金금
中중 勇용 爲위 奮분 出출 癡치 翅시
摧최 健건 器기 迅신 生생 殼각 鳥조
滅멸 奮분 仗장 安안 死사 搏박 王왕
一일 迅신 摧최 住주 大대 撮촬 奮분
切체 能능 伏복 無무 苦고 煩번 迅신
煩번 於어 衆중 畏외 海해 惱뇌 竭갈
惱뇌 生생 魔마 平평 故고 諸제 貪탐

사경의 공덕은 십만억 부처님께 공양한 것과 같은 공덕이 있습니다.

怨	諸	陀	不	才	咸	迅
원	제	다	불	재	함	신
故	緣	羅	忘	奮	令	一
고	연	라	망	분	령	일
大	起	尼	隨	迅	受	切
대	기	니	수	신	수	체
智	自	奮	衆	無	益	智
지	자	분	중	무	익	지
奮	在	迅	生	礙	心	智
분	재	신	생	애	심	지
迅	開	以	根	迅	歡	助
신	개	이	근	신	환	조
知	示	念	爲	疾	喜	道
지	시	념	위	질	희	도
蘊	一	慧	宣	分	故	之
온	일	혜	선	분	고	지
界	切	力	說	別	如	法
계	체	력	설	별	여	법
處	法	持	故	一	來	皆
처	법	지	고	일	래	개
及	故	法	辯	切	奮	悉
급	고	법	변	체	분	실

사경의 공덕은 십만억 부처님께 공양한 것과 같은 공덕이 있습니다.

奮 분	得 득	爲 위	阿 아	皆 개	者 자	成 성
迅 신	諸 제	十 십	耨 뇩	悟 오	一 일	滿 만
	佛 불	若 약	多 다	坐 좌	切 체	以 이
	於 어	諸 제	羅 라	師 사	皆 개	一 일
	一 일	菩 보	三 삼	子 자	得 득	念 념
	切 체	薩 살	藐 막	座 좌	所 소	相 상
	法 법	安 안	三 삼	降 항	應 응	應 응
	無 무	住 주	菩 보	魔 마	悟 오	慧 혜
	上 상	此 차	提 리	怨 원	者 자	所 소
	自 자	法 법	故 고	敵 적	一 일	應 응
	在 재	則 즉	是 시	成 성	切 체	得 득

師子佛子菩薩摩訶薩有十種
我當師子吼何等爲十所謂唱言
我當必定成正覺是菩提衆
生心大師子吼
我當令一切衆生
安住大般涅槃
未度者令得度
未安者令安
未脫者令脫
未涅槃者令涅槃是
大悲大師子
者安未度涅槃者大般涅槃
大悲大師子

사경의 공덕은 십만억 부처님께 공양한 것과 같은 공덕이 있습니다.

僧種無有斷絕是故我當發菩提心
大師子吼我當嚴淨一切佛刹
刹那究竟堅誓大嚴及諸子難當處我佛恩
當是除滅一切惡道及諸難處我當
是自持淨戒大師道師子吼我難當處
滿足一切諸佛大身語意相
好莊嚴是求福無厭大師子

사경의 공덕은 십만억 부처님께 공양한 것과 같은 공덕이 있습니다.

大方廣佛華嚴經

空공	我아	子자	業업	我아	智지	吼후
無무	無무	吼후	是시	當당	慧혜	我아
相상	衆중	我아	修수	除제	是시	當당
無무	生생	當당	正정	滅멸	求구	成성
願원	無무	了료	行행	一일	智지	滿만
淨정	壽수	知지	斷단	切체	無무	一일
如여	命명	一일	諸제	衆중	厭염	切체
虛허	無무	切체	煩번	魔마	大대	諸제
空공	補보	諸제	惱뇌	及급	師사	佛불
是시	伽가	法법	大대	諸제	子자	所소
無무	羅라	無무	師사	魔마	吼후	有유

사경의 공덕은 십만억 부처님께 공양한 것과 같은 공덕이 있습니다.

大方廣佛華嚴經 104

我(아)眼(안)而(이)來(래)嚴(엄)薩(살)生(생)
者(자)普(보)現(현)讚(찬)淨(정)震(진)法(법)
卽(즉)觀(관)受(수)請(청)是(시)動(동)忍(인)
於(어)世(세)生(생)唯(유)時(시)一(일)大(대)
王(왕)間(간)菩(보)願(원)一(일)切(체)師(사)
宮(궁)一(일)薩(살)菩(보)切(체)諸(제)子(자)
示(시)切(체)則(즉)薩(살)釋(석)佛(불)吼(후)
現(현)衆(중)以(이)以(이)梵(범)國(국)最(최)
誕(탄)生(생)無(무)無(무)四(사)土(토)後(후)
生(생)無(무)礙(애)生(생)王(왕)悉(실)生(생)
自(자)如(여)慧(혜)法(법)咸(함)令(령)菩(보)

사경의 공덕은 십만억 부처님께 공양한 것과 같은 공덕이 있습니다.

		得득	爲위	際제	最최	行행
		如여	十십	是시	勝승	七칠
		來래	若약	如여	第제	步보
		無무	諸제	說설	一일	大대
		上상	菩보	而이	我아	師사
		大대	薩살	作작	當당	子자
		師사	安안	大대	永영	吼후
		子자	住주	師사	盡진	我아
		吼후	此차	子자	生생	於어
			法법	吼후	死사	世세
				則즉	是시	邊변	間간

發 願 文

귀의 삼보하옵고

거룩하신 부처님께 발원하옵나이다.

주 소 : _____

전 화 : _____ 불명 : _____ 성명 : _____

불기 25_____년 _____월 _____일